AF287223

Zufall oder Fügung?

Von der Begegnung mit
dem Unberechenbaren

Klaus P. Fischer

Impressum:

Zufall oder Fügung?
Von der Begegnung mit dem Unberechenbaren

von Klaus P. Fischer

ISBN-Nr.: 978-3-981495-3-5

3. Auflage vom 12. Juli 2011

(Hrsg.) V.i.S.P:	Adlerstein Verlag
	Hans-Jürgen Sträter
	Wacholderstr. 26
	26639 Wiesmoor
Tel.:	04944-5815
Fax:	04944-5839
Email:	kontakt @ adlerstein.de
Internet:	www.adlerstein-verlag.de
Herstellung:	Books on Demand, Norderstedt
Coverfoto:	Kaleidoskop, Wikipedia, H. Pellikka

„Ich liebe den Zufall, hinter dem Gott lächelt"

(aus Ungarn)

Inhalt:

Das Problem

Christen, die wachen Geistes und im Vertrauen auf den Gott der Frohen Botschaft durchs Leben gehen, können sich gelegentlich des Eindrucks nicht erwehren, Dinge, Ereignisse und Menschen, die ihnen begegnen, hätten für sie eine bestimmte, d. h. helfende oder wegweisende Bedeutung. Wir sind seid altersher daran gewöhnt, solche bedeutungsvollen Vorgänge oder Situationen „Fügungen", manchmal auch „Wunder" zu nennen. Es sieht so aus, als gehe die übliche Glaubensunterweisung am Thema der „Fügungen" im Leben der Christen stillschweigend vorüber.

Auch die Theologie spricht selten darüber, sie beschränkt sich eigentlich auf einige Andeutungen innerhalb der Traktate über „Vorsehung" und „Wunder. Das ist seltsam, da doch die Glaubenstreue bei vielen Menschen offensichtlich viel weniger in empfangenen Belehrungen als in religiös gedeuteten Lebenserfahrungen gründet. Viele Menschen sind fest davon überzeugt, dass ihnen in solchen Fällen, bzw. Erfahrungen, Gott oder Jesus Christus „aufgegangen", offenbar geworden sei.

Das Schweigen über dieses Thema kann allerdings einen guten Grund haben.

Der moderne Mensch kann den Bekenntnissen mancher Leute, eine „Fügung" erfahren zu haben, ein gewisses Misstrauen nicht ersparen. Eine ganze Reihe von Äußerungen dieser Art – und seien sie noch so engagiert vorgebracht – lassen sich bei näherem Zusehen als rein subjektive Einbildungen, als Projektionen von Wunschdenken oder gar als Produkte von wahnhaften Ideen durchschauen. Freilich kann man nicht ausnahmslos alle Bekenntnisse dieser Art auf Hirngespinste zurückführen.

Die Erkenntnis, dass ein Phänomen entartet ist, erklärt ja noch lange nicht die Existenz des Phänomens als solchen; sie setzt vielmehr voraus, dass es auch in entartungsfreiem Zustand bestehen kann. Vor Verallgemeinerungen wird man sich also bei allen Interessierten in acht nehmen müssen.

Der aufgeklärte Skeptiker, der von vornherein überzeugt ist, bei den sogenannten Fügungen könne es sich überhaupt nur um Einbildungen handeln, denen auf der Weltbühne höchstens Zufälle entsprächen, kann seinen Anspruch keineswegs beweisen.

Man wird dem notorischen Skeptiker vielmehr klarmachen müssen, dass er selbst die Dinge nicht vorurteilsfrei betrachtet, so wie sie sind, sondern sie ebenfalls durch seine skeptisch getönte Brille anschaut, und dass er damit den Phänomenen gleichzeitig eine weltanschauliche Deutung aufzwingt.

Der erwähnte Skeptiker lebt freilich auch in uns selbst, er führt mit dem gläubigen Menschen, der wir sind oder sein wollen, eine keinesfalls friedliche Koexistenz.

Darum hat auch der gläubige Mensch das unabweisbare Bedürfnis, sich durch Nachdenken zu vergewissern, ob diese sogenannten Fügungen denn wohl vorkommen können, inwiefern sie überhaupt möglich sind, ja inwiefern man allenfalls tatsächlich mit ihnen rechnen muss.

Ein wichtiger Vorbehalt gegen das Rechnen mit göttlichen Fügungen als unbekannten Größen in den Gleichungen der menschlichen Lebenserfahrungen entsteht für den modernen Menschen aus den Erkenntnissen der Psychologie. Denken wir nur an den Einwand von Sigmund Freud, der in religiösen Ideen dieser Art gern eine „Illusion", ein Produkt kindlichen Wunschdenkens vermutete; ein erwachsener Mensch, der an so etwas glaube, gerate in die Gefahr der Neurose, weil er die reale Welt mittels einer „Wunschwelt" zu bewältigen versuche. Aber „die Welt ist keine Kinderstube", warnte er und stellte dem illusionären Denken die reife Vertretung des „Realitätsprinzips" gegenüber.

Solche Warnungen dürfen sicher nicht in den Wind geschlagen werden, sondern zwingen zur ehrlichen Unterscheidung der Geister.

Die moderne religionspsychologische Forschung hat – viel nuancierter als Freud – auf die „animistische" Neigung des Menschen hingewiesen, die darin besteht, die Phänomene der unbelebten Welt zu „beseelen", wie dies vor allem Kinder gern tun, d. h. sie als Träger und Ausdruck menschenähnlicher Absichten zu deuten. Darin erblickt man eine psychologisch grundlegende Form des menschlichen Offenseins für die Welt, eine Auffassung, die in der religionswissenschaftlichen Forschung (z.B. M. Eliade) eine wichtige Stütze findet. Ein herausragender Aspekt dieser „animistischen" Neigung sei die „Sakralisierung", nämlich die Neigung, bestimmte Naturerscheinungen, Räume, Zeiten, Vorkommnisse, Persönlichkeiten usw. als durchwirkt von höheren Mächten, als Erscheinungen und Machtkundgebungen des „Heiligen" zu deuten; eine Neigung, die sich in der Praxis leicht mit magischen Tendenzen verbinde.

Es ist klar, dass die Erkenntnis von „Fügungen" sehr leicht von „sakralisierenden" Neigungen bestimmt werden kann, zumal, wenn man noch in Rechnung zieht, dass variable pädagogische Größen – das jeweilige Mutter- oder Vaterbild – das Welterlebnis des Menschen, und so auch seine Wahrnehmung von „Fügungen", stark beeinflussen.

11

Diese Überformung des Welterlebens ist selbstverständlich auch dort anzunehmen, wo – wie im alten Israel – in einem weltgeschichtlichen Prozess nicht mehr die Natur, sondern die Geschichte „animistisch" interpretiert wurde, wo also geschichtliche Ereignisse als Träger göttlicher Ratschlüsse aufgefasst wurden; diese Annahme liegt nahe – unbeschadet der monotheistischen Läuterung der Frömmigkeit, die mit dieser Weise von Welterleben stattgefunden hat. Für unser Anliegen ist es ohne Belang, wohin die psychologische Forschung die Wurzel für die religiöse Deutung von Weltereignissen als „Fügungen" verlegt; ob sie diese also z. B. mit den menschlichen Abwehr- und Verteidigungsinstinkten in engste Verbindung bringt oder darin mit C. G. Jung Beistand und Führung vom sogenannten „Kollektiven Unterbewussten" her erblickt. Die Frage „Zufall oder Führung?" muss grundsätzlicher angegangen werden. Eine rein psychologische Lösung befriedigt hier ebenso wenig wie etwa beim Problem Schuld.

Die „animistische" Neigung mag oftmals zu fragwürdigen oder anfechtbaren Deutungen des Welterlebens führen. Sie ist aber durch wiederholte Fehlleistungen nicht schon ad absurdum geführt, sondern es muss grundsätzlicher geklärt werden, welcher Stellenwert dieser Neigung als Strukturelement im Gesamten des menschlichen Selbst- und Weltverständnisses zukommt. Nachweisbare psychologische Strukturen werden – wie man sich wohl denken kann – durch solche grundsätzliche Erwägungen nicht angetastet.
Eine „Entgötterung" der Weltanschauung ist gewiss überall da am Platz, wo Glaube an „höhere Gewalt" oder „Fügungen" nachweislich menschliche Verfügungsgewalt ersetzen oder Verantwortung abtreten soll.

In diesem Zusammenhang sind empirische Untersuchungen, die vor einigen Jahren durchgeführt wurden, von aufschlussreicher Bedeutung.

Sie lassen erkennen – Freuds Religionskritik gleichsam bestätigend -, dass bei Kindern, die christlich erzogen und gleichzeitig in einer technisch geprägten Kultur aufgewachsen sind, „animistische" Deutungen von Erlebnissen im Sinn von „Strafe Gottes" oder „Schutz bzw. Hilfe Gottes" mit zunehmendem Alter rapid abnehmen.

Was früher als „hierophan" oder „theophan" empfunden wurde, erscheint jetzt als „profan".

Der „Techniker" rückt nun an die Stelle des „lieben Gottes" und des ihn repräsentierenden „Schutzengels". Man könnte sagen, in diesem Prozess der „Profanwerdung" der Weltanschauung vollziehe sich, was Kant als „Aufklärung" definierte, „der Ausgang des Menschen aus seiner selbstverschuldeten Unmündigkeit".

Indem er sich bemüht, Kants Forderung nachzukommen – „Habe Mut, dich deines eigenen Verstandes zu bedienen!" -, wird der Mensch von heute in seiner Einstellung zur Welt zum „Homo Faber".

„Homo Faber"

Der Schweizer Schriftsteller Max Frisch macht die tragische Widersprüchlichkeit eines Menschen, der nur die rationale Wahrnehmung der Ereignisse und Gestalten seines Lebens gelten lassen will, in seinem Roman „Homo Faber" eindringlich deutlich. Als eine Art Glaubensbekenntnis schreibt die Hauptperson dieses Romans, der Ingenieur Walter Faber, in sein Tagebuch:
„Ich glaube nicht an Fügung oder Schicksal, als Techniker bin ich gewohnt, mit den Formeln der Wahrscheinlichkeit zu rechnen. Wieso Fügung?
Ich gebe zu: Ohne die Notlandung in Tamaulipas (2.IV.) wäre alles anders gekommen; ich hätte diesen jungen Hencke nicht kennen gelernt, ich hätte vielleicht nie wieder von Hanna gehört, ich wüsste heute noch nicht, dass ich Vater bin. Es ist nicht auszudenken, wie alles anders gekommen wäre ohne diese Notlandung in Tamaulipas. Vielleicht würde Sabeth noch leben. Ich bestreite nicht: Es war mehr als ein Zufall, dass alles so gekommen ist, es war eine ganze Kette von Zufällen. Aber wieso Fügung? Ich brauche, um das Unwahrscheinliche als Erfahrungstatsache gelten zu lassen, keinerlei Mystik; Mathematik genügt mir.
Mathematisch gesprochen: Das Wahrscheinliche (dass bei 6 000 000 000 Würfen mit einem regelmäßigen Sechserwürfel annähernd 1 000 000 000 Einser vorkommen) und das Unwahrscheinliche, (dass bei 6 Würfen mit demselben Würfel einmal 6 Einser vorkommen) unterscheidet sich nicht dem Wesen nach, sondern nur der Häufigkeit nach, wobei das Häufigere von vornherein als glaubwürdiger erscheint.

Es ist aber, wenn einmal das Unwahrscheinliche eintritt, nichts Höheres dabei, keinerlei Wunder oder Derartiges, wie es der Laie so gerne haben möchte. Indem wir vom Wahrscheinlichen sprechen, ist ja das Unwahrscheinliche immer schon inbegriffen, und zwar als Grenzfall des Möglichen, und wenn es einmal eintritt, das Unwahrscheinliche, so besteht für unsereinen keinerlei Grund zur Verwunderung, zur Erschütterung, zur Mystifikation."

Das konkrete Schicksal jedoch, das ihn auf seltsam gefügten Wegen wieder zu seiner früheren Freundin Hanna zurückführt, widerlegt diesen gewollt eindimensionalen Menschen, der sich auf den Standpunkt des Technikers gestellt hat, der mit den Tatsachen fertig wird. Die einstige Freundin Hanna, selbst Künstlerin, deutet ihm, als er bereits vor den Trümmern seines Lebens steht, sein Scheitern:

„Diskussion mit Hanna! – über Technik (laut Hanna) als Kniff, die Welt so einzurichten, dass wir sie nicht erleben müssen. Manie des Technikers, die Schöpfung nutzbar zu machen, weil er sie als Partner nicht aushält, nichts mit ihr anfangen kann; Technik, als Kniff, die Welt als Widerstand aus der Welt zu schaffen, beispielsweise sie durch Tempo zu verdünnen, damit wir sie nicht erleben müssen.

(Was Hanna damit meint, weiß ich nicht.)

Hanna macht keine Vorwürfe, Hanna findet es nicht unbegreiflich, dass ich mich gegenüber Sabeth so verhalten habe; ich habe (meint Hanna) eine Art Beziehung erlebt, die ich nicht kannte, und sie missdeutet, indem ich mir einredete, verliebt zu sein. Es ist kein zufälliger Irrtum gewesen, sondern ein Irrtum, der zu mir gehört (?) wie mein Beruf, wie mein ganzes Leben sonst.

Mein Irrtum: dass wir Techniker versuchen, ohne den Tod zu leben.

Wörtlich: Du behandelst das Leben nicht als Gestalt, sondern als bloße Addition, daher kein Verhältnis zur Zeit, weil kein Verhältnis zum Tod. Leben sei Gestalt in der Zeit. Hanna gibt zu, dass sie es nicht erklären kann, was sie meint. Leben ist nicht Stoff, nicht mit Technik zu bewältigen."

Wir befinden uns in diesem Roman noch außerhalb eines eigentlich religiösen Zusammenhangs, aber doch schon in dessen Vorhof. Zwar ist von „Fügung" mehrfach die Rede, doch bleibt da die Frage völlig offen, was oder wer denn die verschiedenen Ereignisse zu einer schicksalhaften Verstrickung zusammenfügt. Der Dichter kehrt eine vergessene und verdrängte Dimension des Menschenlebens hervor, suggeriert dem Leser aber keine glaubensmäßige Deutung.

Zur Deutung unserer Erfahrungen

„Fügung als „Widerfahrnis"

Wie und wieweit können wir uns aber – noch ohne direkte Bezugnahme auf das Zeugnis der Heiligen Schrift – dessen vergewissern, dass in unserem Leben Fügungen von Gott nicht nur möglich, sondern auch zu erwarten sind?

Wie gelangen wir redlich über jene Einstellung hinaus, die sich immer wieder als Einwand anbietet und die in den sogenannten Fügungen lediglich Zufälle sehen möchte, d. h. „Zusammenfälle" (mathematisch unwahrscheinlich, aber als Grenzfall möglich) mehrerer Umstände, die sich zufällig als günstig herausstellen?

Nun erklärt ja kein Mensch aus bloßer Lust und Laune etwas als eine „Fügung", sondern wählt diese Vokabel nur dann, wenn ihm etwas Rettendes oder Helfendes *widerfahren* ist: ein Widerfahrnis, das sich in seiner eigentümlichen Bedeutung nicht auf das eigene Zutun dessen zurückführen lässt, dem es widerfahren ist. Erinnern wir uns daran, dass wir spontan, von Natur aus alle uns begegnenden Ereignisse, Menschen usw. in ihrer (möglichen oder tatsächlichen) Beziehung zu uns sehen. Und wenn uns etwas geschieht, dessen Bedeutung für uns nicht offenkundig ist, dann suchen wir nach einer solchen Bedeutung, setzen damit also ganz allgemein voraus, dass die Geschehnisse eine solche Bedeutsamkeit für uns erhalten.

Zudem kennen wir unerwartete Vorkommnisse, Konstellationen, die wir dankbar begrüßt haben, weil sie uns – und vielleicht nur uns – buchstäblich zugute kamen.

Umgekehrt kennen wir auch Vorkommnisse, die sich uns oder unseren Bedürfnissen einfach nicht „fügen" wollten, über die wir also nicht verfügen konnten, die sich dagegen sträubten, unsere „Fügungen" zu werden.

Der spontane Ausruf in diesen Fällen: „Es ist wie verhext!" oder „Es hat nicht sein sollen!" illustriert die Sachlage. Wir Menschen sind zwar selber solche, die fügen oder verfügen wollen, wir wissen uns aber gleichzeitig angewiesen auf die unserem technischen Zugriff entzogene Unverfügbarkeit der Ereignisse, Begegnungen und Zusammenhänge unseres Lebens und der Welt. Ohne die Erfahrung - das Widerfahrnis -, dass das wesenhaft Unverfügbare unseres Lebens und der Welt sich von Zeit zu Zeit „sich uns fügt", wie in einer Geste der Huld, wären so typisch menschliche Grundhaltungen wie Verwunderung oder Staunen, Erschütterung, Ergriffenheit, Furcht, Ehrfurcht, Seligkeit, Dank, Bitte usw. nicht zu verstehen und nicht zu erklären.

Die genanten Verhaltensweisen entstehen zudem nicht nur unwillkürlich, sondern sie überwinden und überwältigen uns auch immer wieder, ob wir das wollen oder nicht.

Sie lassen sich auch kaum für „rein subjektiv" erklären, in der sie verharmlosenden Meinung, sie sagten über die objektive Realität – Dinge, Geschehnisse, Menschen – nichts aus. Vielmehr lassen sie sich nur verstehen als Reaktionen auf jeweilige Widerfahrnisse und verraten so indirekt durchaus Wesentliches über den Bedeutungsinhalt der jeweiligen Realität, bestehe diese nun in Hilfe, Geschenk, Huld (Gnade) oder Erfüllung.

Die Welt, in der wir leben, weist offenbar einen Sinngehalt auf, der jenseits des Errechenbaren, Planbaren und Machbaren liegt.

Die Welt hat mehrere Gesichter

Mit welcher Selbstverständlichkeit bewerten wir alles, was uns begegnet – Dinge und Menschen!
Im eigentlichen Sinn legen jedoch nicht wir ihnen einen Wert zu, sondern wir finden sie werthaft.
Das heißt, wir finden Menschen und Dinge schön oder hässlich, gut oder schlecht, verheißungsvoll oder verhängnisvoll.
Der Werteindruck ist selbst da noch gegeben, wo etwas uns gleichgültig vorkommt oder uns ´kalt` lässt.
Wir Menschen sind ursprünglich davon überzeugt, dass der uns je nach Situation beglückende oder enttäuschende Werteindruck, den Menschen oder Dinge auf uns machen, diesen selbst wesenhaft zugehört. Schon die Philosophen des Altertums wie auch des Mittelalters erblickten im Wertgehalt alles Wirklichen eine seiner beständigen und unausrottbaren Grundeigenschaften.
Wir erleben die Welt und die in ihr auftauchenden Phänomene ursprünglich und vorrangig als bedeutungsvoll. Dies gilt auch dann, wenn wir einzelne Phänomene bedeutungslos nennen, denn da vermissen wir ja gerade die gewohnte Bedeutung oder vielmehr die besondere Bedeutung.
Erst in einem zweiten, zuweilen recht mühsamen Schritt kommen wir über die Faszination von Menschen und Ereignissen hinaus und beginnen rein verstandesmäßig – unter einem bestimmten (z. B. technischen) Blickwinkel etwa -, über das Erfahrene nachzudenken.

Die Welt und ihre Vorkommnisse haben für uns also von vornherein einen „doppelten Boden", dass heißt eine über die bloße Verstandesebene hinausgreifende Dimension.

„Für uns" – so haben wir formuliert. Genau dies, so halten Skeptiker uns entgegen, sei ja das rein Subjektive, denn objektiv finde man in den Realitäten dieser Welt keine solche Bedeutung, auf jeden Fall sei sie objektiv nicht beweisbar.

Gewiss, aber ein solcher Anspruch ist auch unsinnig, denn die Bedeutung eines Phänomens oder Ereignisses ist weder ein Objekt im üblichen Sinn, noch ist sie zugänglich auf der Ebene des Verstandes, dessen Tätigkeit sich im Analysieren und Definieren erschöpft. Hinter der modernen Skepsis steht natürlich die problematisierende Aufspaltung der menschlichen Erkenntnis in einen „rein subjektiven" und einen „rein objektiven" Gehalt.
Diese Trennung ist eine Errungenschaft der Neuzeit und hat maßgeblich die neuzeitliche Naturwissenschaft geprägt. Wie problematisch diese Grenzziehung wird, wenn die Phänomene allseitig und ganzheitlich ernst genommen werden, hat der Physiker W. Heitler am Beispiel der *Farben* gezeigt:
Es ist eine verbreitete Denkgewohnheit geworden, die jeweiligen Farben lediglich als elektromagnetische Wellen von bestimmter Länge aufzufassen und dieses rein quantitative Phänomen als objektive Realität gelten zu lassen; die Farbempfindungen hingegen werden als rein subjektive Eindrücke gleichsam abgewertet und als ungeklärt, jedoch auch unerheblich beiseite geschoben. Dennoch ist die Farbe eine fundamentale Tatsache, die auf den Betrachter sogar seelische Wirkungen ausübt.

Analog könnte man zugunsten der Fügungen argumentieren: Es ist möglich, eine Fügung als bloß subjektiven Eindruck zu erklären, der nichts mit der Wirklichkeit zu tun habe.

22

Man kann die Entstehung dieses Eindrucks als reinen Zufall annehmen, bedingt durch das Zusammenfallen besonderer Umstände. Unternimmt aber derjenige, der so argumentiert, nicht den zweifelhaften Versuch, das Phänomen auf ein quantitatives Geleise zu schieben? Vielleicht möchte er sich nicht mit der möglichen Bedeutsamkeit beschäftigen, die dieses Phänomen für ihn haben könnte. Dennoch ist die Fügung offenkundig ein fundamentales Widerfahrnis für die unmittelbar davon Betroffenen und übt zudem oft genug tiefgreifende Wirkungen auf deren Herzensgesinnung und Lebens-führung aus. Wer dies leugnet, muss wohl in einem tieferen Sinn „farbenblind" sein! Hier können wir uns, ohne uns auf dieses Problem weiter einzulassen, mit dem Hinweis begnügen, dass wir Menschen nicht nur und nicht vorrangig Verstandeswesen sind.

Auch Gewissen, Frage nach dem Sinn des Lebens, Sehnsucht nach Erfüllung und Seligkeit gehören zu den Uranlagen, die nach allgemein menschlicher Erfahrung tiefer in uns wurzeln als der Verstand selbst. Auf diese Uranlagen bezogen, nicht eigentlich auf den Verstand, erfährt der Mensch die Bedeutung der Vorgänge und Begegnungen in der ihn umgebenden Welt.

Berufung auf den „Zufall"?

Der Skeptiker in uns (dem wir übrigens viel Vernunft zubilligen!) gibt sich noch keineswegs geschlagen. Solche, „Fügung" genannte, Widerfahrnisse geradewegs auf Gott zurückzuführen, sei – so kann er einwenden - bloße Einbildung oder leere Gewohnheit, vielleicht auch beides. Wir reden ja auch sonst gern vom „Glück", das einer zufällig hatte, und vom „Pech", das einen getroffen hat. Um ein Beispiel aus dem Alten Testament aufzugreifen:

Für die Israeliten auf der Flucht vor den Grenzpatrouillen des Pharao war es eben Glück, dass die ägyptischen Kriegswagen im Schlamm stecken blieben. Für die Ägypter war es Pech, katastrophales Pech, ein „rabenschwarzer Tag" usw.

Verweist im übrigen die moderne Texterklärung angesehener Theologen für das Verständnis jener Vorgänge nicht selbst auf natürliche Erklärungen, wie das Aufkommen eines Gewittersturmes, dessen Winddruck auf das seichte Wasser des Schilfmeeres den Flüchtlingen für kurze Zeit eine Furt gewährt hat?

Man mag von einer (rein) natürlichen Erklärung dort sprechen, wo – in einer der Weltanschauung der Israeliten fremden Weise – „die Natur" als eine eigene, Gott gegenüberstehende Größe erscheint.

Die Erklärung versagt freilich an jenem Punkt, wo das für die Israeliten entscheidend Bedeutsame erklärt werden soll – nämlich das Eintreffen dieser Vorgänge zur rechten Zeit am rechten Ort!

Die eindimensionale Erklärungsweise wird sich hier wiederum mit der Feststellung begnügen: das war „reiner Zufall"!

Für die an diesem Ereignis auf Sein oder Nichtsein Interessierten wäre diese Feststellung allerdings keine Erklärung gewesen, sondern der Verzicht oder die Weigerung, die helfende und rettende „Rechtheit" jenes Ereignisses zu erklären.

Dabei wäre noch zu bedenken, dass jenes Ereignis nicht isoliert als „erratischer Block" in die Geschichte des israelitischen Volkes hineinragte. Es gehört zu einer ganzen Kette von Widerfahrnissen bis hin zur Einwanderung in das Land Kanaan, die als „Wohltaten" empfunden und vorwiegend der Schar um Mose zuteil wurden.

Der Zufall und die naturwissenschaftliche Erklärung

Die Aufgabe der Naturwissenschaft, die angeblich für die sogenannte „natürliche" Erklärung zuständig ist, liegt im „Auffinden der großen funktionalen Zusammenhänge zwischen den Naturvorgängen, insofern sie von anderen Naturvorgängen abhängen" (H. Dolch): sie erklärt ein Ereignis also dadurch und insoweit, als sie es auf allgemeine Gesetzmäßigkeiten zurückführen kann. Die Gesetze der Natur regeln den Lauf der Dinge daher auf allgemeine und prinzipielle Weise; doch die Anfangsbedingungen der jeweils gemessenen Bewegung, des beobachteten Verhaltens der Phänomene sind stets vorgegeben und fremd, das heißt aus dem allgemeinen Gesetz nicht ableitbar (daher die Notwendigkeit der ständigen Beobachtung, Messung usw.). Das räumlich-zeitlich konkrete Eintreffen eines Naturereignisses ist zwar aufgrund der gefundenen Gesetzmäßigkeit prinzipiell vorhersagbar (oder auch nach rückwärts erschließbar).

Das ändert jedoch nichts am Umstand, dass die konkreten Bedingungen, die ein Ereignis bestimmen, aus dem allgemeinen Gesetz nicht ableitbar sind. Diese Erkenntnis hat sich bekanntlich seit Heisenberg beim Studium des Verhaltens der Elementarteilchen in einer für die Fachwelt verblüffenden Weise verschärft: Im atomaren Bereich ist ein einzelnes Ereignis nicht nur aus den allgemeinen Gesetzen nicht ableitbar, sondern von ihnen, das heißt: vom menschlichen Verstand, überhaupt nicht erschöpfend erfassbar.

In diesem Zusammenhang muss man sich daran erinnern, dass die Naturgesetze ja überhaupt Abstraktionen sind; sie sehen ständig ab, „abstrahieren" von jenen Nebenumständen und Nebenwirkungen, die gleichsam nicht „zur Sache" gehören, in der Naturwirklichkeit jedoch nur zusammen vorkommen (daher der isolierte Laboratoriumscharakter naturwissenschaftlicher Experimente zur Untersuchung des reinen Phänomens als solchen).

Deshalb ist auch kein physikalisches Gesetz in der Natur exakt erfüllt, weil es immer Störungen von anderer Seite gibt. Der Naturwissenschaftler selbst ist sich daher des folgenden Sachverhalts grundsätzlich bewusst:

„Sehr komplizierte Vorgänge lassen sich mathematisch nicht behandeln, auch nicht mit elektronischen Rechenmaschinen. Die Vorausberechnung ist dann schlechterdings unmöglich.

Zum Beispiel ist es ein Ding der Unmöglichkeit, die Bewegung eines einzelnen Wassertropfens in einem Wasserfall vorauszuberechnen, auch wenn wir die Wasserströmung am oberen Ende und die Verteilung der Felsen genau kennen. Praktisch beschränkt sich der Determinismus auf die Vorausberechnung des Funktionierens eines Laboratoriumsversuches oder einer gut konstruierten Maschine – bis dann, eben wegen gewisser Ungenauigkeiten, der nicht vorausberechenbare Motorschaden auftritt.

Gute Voraussetzungen für Vorausberechnungen bestehen noch für manche Probleme der Astronomie und vielleicht einige andere Fälle, aber sicher nicht für die meisten der üblichen Naturvorgänge auf der Erde." (W. Heitler)

Dazu kommt noch die erwähnte Verschärfung, auf die etwa P. Jordan in seinen Überlegungen über den „Begriff des Wunders und das Naturgesetz" hinweist: Die Vorstellung von einer statistischen Naturgesetzlichkeit, zu der die Erforschung des Atoms die moderne Physik gezwungen hat, enthält die Einsicht, dass der menschliche Verstand die Naturgesetzlichkeit nur unvollständig kennt. Das hat zur Folge, dass der Physiker auch Ereignisse, die auffällig oder *„wunderbar"* vom Gewohnheitsbild abweichen, grundsätzlich für physikalisch möglich (wenn auch nicht schon für wahrscheinlich) halten muss. Die naturwissenschaftliche Erklärung lässt also, wie man sieht, einen sehr weiten Spielraum für menschlich unvorhersehbare und unerwartbare Ereignisse, Konstellationen und Zusammenhänge. Damit sind nicht einmal objektive Unwahrscheinlichkeiten gemeint, sondern vor allem die so genannten normalen Geschehensabläufe.

Die Ablaufstruktur eines bestimmten Ereignisses kann sehr wohl in die übliche Naturgesetzlichkeit eingefügt sein und in ihrer konkreten Ausprägung doch als Überraschung erlebt werden.

Die Konstellation eines naturwissenschaftlich fassbaren Ereignisses mit anderen Naturvorgängen ist bis zu einem gewissen Grad wohl voraussehbar. Eine solche Voraussehbarkeit ist jedoch für die mögliche Konstellation dieses Ereignisses mit der *geschichtlichen* Situation von Menschen in der Regel nicht gegeben. Indem wir uns das klarmachen, geraten wir aber an eine Grenze.

Das ist zunächst ganz wörtlich zu nehmen.

Ein für uns bedeutsames Ereignis erleben wir als etwas Besonderes (was nicht besagt, dass es sich auch um etwas naturwissenschaftlich Besonderes, etwa einen Ausnahmefall, handeln müsste).

Indem wir uns fragen, welche Ursachen und Faktoren zusammenwirken mussten, um das Zustandekommen dieses für uns (im guten oder im schlechten Sinn) bedeutungsvollen Ereignisses gerade hier und jetzt zu erklären, werden wir in der Regel auf hohe Unwahrscheinlichkeiten stoßen.

Der Ursachenzusammenhang wird sich als so hoch komplex, so äußerst verwickelt und damit als so unwahrscheinlich zeigen, dass er für den berechnenden Verstand zu einem Grenzfall wird, den wir gewöhnlich „Zufall" nennen.

Mit diesem Begriff können wir aber weder etwas erklären noch seine Bedeutung erfassen.

Denken wir zum Beispiel an ein Ereignis wie den Tod – den Tod eines uns nahe stehenden Menschen oder unseren eigenen Tod. Der Tod hat in der Regel eine rein medizinisch ausreichende Diagnose und befriedigende Erklärung.

Die Bedeutung des Todes für uns selbst liegt aber gewiss nicht auf der naturwissenschaftlichen Ebene.

Das klingt selbstverständlich, ist es aber nicht.

Recht häufig versteifen sich Menschen auf den „Zufall" als Quasi-Erklärung, weil sie sich scheuen, die Bedeutungsebene eines Ereignisses zu betreten. Der „Homo Faber" bei Max Frisch versucht noch angesichts seiner lebensgefährlichen Krankheit, sich ans Berechenbare zu klammern:

„Meine Operation wird mich von sämtlichen Beschwerden für immer erlösen, laut Statistik eine Operation, die in 94,6 von 100 Fällen gelingt, und was mich nervös macht, ist lediglich diese Warterei von Tag zu Tag. Ich bin nicht gewohnt, krank zu sein. Was mich auch nervös macht: wenn Hanna mich tröstet, weil sie nicht an Statistik glaubt."

Der „Homo Faber" erkennt die durchgehende Doppeldeutigkeit seiner Situation nicht, weil er sich vor dem „totalmenschlichen Urteil" (L. Monden) fürchtet.

So stuft er seine Situation herab zu einem bloßen „Fall" einer allgemeinen Gesetzlichkeit, und aus Angst davor, in einen Abgrund zu schauen, versteckt er das Risiko des Scheiterns, d. h. das Risiko seines Todes, in der Statistik. Sein Tod erscheint als unwahrscheinlicher Zufall am Rand der berechenbaren Welt.

Ein – oft uneingestandenes – Versteckspiel dieser Art treiben viele Menschen in der Furcht, dass im anderen Fall die Überschaubarkeit und Geschlossenheit ihres Universums aufgebrochen würde. Ein Vorkommnis, das man für objektiv unwahrscheinlich, für „Zufall" erklärt, weil es sich der Berechenbarkeit entzieht, muss deswegen nicht auch als existentiell bedeutungslos und nebensächlich angesehen werden. Es muss nicht zu der statistisch unwichtigen „quantité négligeable" herabsinken.

Vielmehr kann es die geistbegabte Existenz über die verfügbare Welt hinaus führen in eine zunächst dunkel erscheinende Dimension, in den Abgrund des Unverfügbaren. Von hier aus können alle Dinge eine nicht von Menschen verfügte *Bedeutung* vielfältigster Art empfangen. Diese geht die *Existenz* des Menschen an, eine Art von Wahrheit, die wir – nach Pascal – nicht mit der Vernunft, sondern mit dem Herzen schauen.

Der Zufall und der Schöpfergott

Den Aufbruch eines etwa durch ein Glückserlebnis aufgebrochenen Menschen in diese andere Dimension beschreibt Marc Oraison einmal sehr treffend; Anlass ist ihm sein eigenes Glücksgefühl beim Anhören der Symphonie von César Franck.

Er macht sich die *„Myriaden von Zufällen"* klar, *„die dazu führten, dass ich diese Augenblicke erlebe ... Zahllose unerforschliche, miteinander verflochtene Zufälle führten von langer Hand zur Familie Franck und zu César. Auf unerklärliche Weise bewirkten sie, dass César Franck seine Symphonie schrieb. Andererseits geschah es durch zahllose, unerforschliche, durch lange Zeit miteinander verflochtene Zufälle, dass auch ich existiere, dass ich mein Gehör habe, dass ich diese Symphonie zu hören beschließe, dass ich sie habe kennen lernen können ... Unwiderstehlich drängt es mich, all diesen Zufällen zu danken, die diese Augenblicke tiefer Freude ermöglichten. Ein Dank auch an den großen Zufall in Person, warum nicht?"*

Mit leicht ironischem Unterton zeigt Oraison hier, wie ein der kausalmechanischen Methode der Naturwissenschaft ausschließlich verpflichtetes Denken, wenn es sich durch diese Welt hindurchfinden will, entweder in Schizophrenie enden oder sich selbst aufheben muss.

Eine göttliche Person als Urheber des Weltgeschehens hat ja mit dem Zufall dies gemeinsam, dass ihr freies Walten sich dem berechnend-verfügenden Verstand entzieht und als unberechenbar erscheinen muss. So gesehen ist der Umstand, dass im Weltall gerade diese, statt andere, physikalisch-chemischen Gesetzmäßigkeiten gelten, nicht weniger Zufall als der Umstand, dass der christliche Glaube auf einen gewissen Jesus zurückgeht, der zufällig vor 2000 Jahren in der römischen Provinz Judäa geboren und nach mancherlei Umtrieben hingerichtet wurde (der Zufall wollte es, dass er sich nicht der religiösen Toleranz des 20. Jahrhunderts erfreuen durfte); zufällig war auch seine Hinrichtung am Kreuz, weil eben dieses damals die erniedrigendste Hinrichtungsart für nichtrömische Schwerverbrecher war. Umgekehrt braucht der „mehrdimensionale Mensch" Zufälligkeiten im Weltgeschehen nicht zu leugnen, er wird sie als Grenzfälle der Naturgesetze gelten lassen, zumal die moderne Auffassung von Naturgesetzlichkeit solchen Zufällen gegenüber ja „toleranter" (P. Jordan) geworden ist. Die Naturgesetze jedoch betrachtet der Gläubige nicht bloß als regelhafte, funktionale Zusammenhänge der Weltelemente mit statistischer Relevanz, sondern sie bedeuten ihm auch etwas: sie sind für ihn „großräumige" Fügungen, Setzungen Gottes, damit Leben, nicht zuletzt menschliches Leben, entstehen, sich erhalten und gedeihen kann. Er wird auch erwarten, dass in vielen so genannten „Zufällen" des Lebens Sinn- oder Bedeutungsgehalte bereitliegen, die einem bloß funktionale Gesetzmäßigkeiten errechnenden Verstand verborgen bleiben müssen. Der Mensch, der die Mehrdimensionalität seiner Welt recht erfasst hat, wird sich auch nicht gezwungen fühlen, bei einem für ihn bedeutsamen Ereignis, in dem er die „fügende Hand Gottes" gewahrt, nachweisen zu wollen, *wie* Gott in diesem irdischen Vorgang „wirke". Auch wird er nicht belegen wollen, in einem bestimmten, als „wunderbar" qualifizierten Ereignis müsse Gott am Werk (gewesen) sein – so, als könne die vielgestaltige Wirklichkeit nicht unendlich viele Möglichkeiten der Sinnoffenbarung von dem sie tragenden Geheimnis her empfangen: für Menschen, die dafür offen sind.

Ver-füg-barkeit der Welt durch eine höhere Macht?

Kann man zu dieser Frage mehr erwarten als andeutendes, ahnungsvolles Denken? Ob die bekannte These von der „Verstärkerwirkung der Organismen" (P. Jordan) zutrifft, kann hier offen bleiben. Jedenfalls legt eine nicht nur quantitativ-mechanische, sondern ganzheitliche Betrachtung der Lebewesen und des Menschen im besonderen den Gedanken an ein zielgerichtetes Prinzip nahe, das sich der physikalisch-chemischen Prozesse souverän bedient, wo immer es um Aufbau, Erhaltung und Förderung eines Lebewesens geht (gezieltes und koordiniertes Wachstum in Form, Größe, Funktion; Unumkehrbarkeit der Prozesse; geordneter, hoher Widerstand gegen Entropieprozesse), und zugleich in seiner auf die *Gestalt* gerichteten Tätigkeit weit darüber hinaus führt.

Im tierhaften und dann im menschlichen Lebewesen (bei noch ungleich vervollkommneter Ausfaltung insbesondere des Nervensystems und des Gehirns) zeigen das seelische Innenleben und schließlich der Geist eine bis zur Freiheit hin sich steigernde Verfügung über die Materie. Geistgesteuerte körperliche Akte sind also unter dem Blickwinkel ihrer Produkte nichts anderes als „Fügungen" des menschlichen Geistes!

Der Schritt von hier zu dem folgenden Analogieschluss ist verlockend: Im Menschen spiegelt sich gleichsam „das Ganze im Fragment", spiegelt sich bruchstückhaft das Geheimnis des Verhältnisses Gottes zu der von ihm geschaffenen Wirklichkeit! Wie ein aufmerksamer Mensch in einer klaren Nacht am Himmel Meteoriten aufleuchten und verlöschen sehen kann, so kann ein aufgeschlossener Mensch am Horizont seines Lebens aufleuchtende und wieder verlöschende Spuren, erfüllt von Sinn oder ahnungsvoller Bedeutsamkeit, des „fügenden" Wirkens Gottes erkennen. Wir sollten uns bewusst halten, dass unser Vorstellungsvermögen hier nicht ausreicht. Das Wirken Gottes „in" der Welt ist so diskret und transzendent wie die Art, in der Gott die Schöpfung als ganze in ihrer geheimnisvollen Ordnung trägt und erhält. Jede Vorstellung hingegen, die – direkt oder indirekt – aus Gott einen riesenhaften „Kulissenschieber" macht, führt in die Irre.

Ein mit der Gedankenwelt Heisenbergs vertrauter Freund verriet, dass der große Physiker die „zentrale Ordnung" am Anfang und hinter der geschaffenen Wirklichkeit gern „am Bild des Kaleidoskops" erklärte: *„Dieses Gerät enthält hinter einem Glasdeckel farbige Plättchen, die man durcheinander schütteln kann, so dass immer wieder andere, zufällige Zusammensetzungen entstehen, die aber stets einen harmonischen Eindruck machen.*

Dies kommt daher, dass in den Glasdeckel ein regelmäßiges optisches Netz eingeritzt ist. Ein kausaler Zusammenhang zwischen der Optik und der Bewegung der Plättchen besteht nicht, trotzdem ist das Ergebnis wohlgeordnet. Bei diesem Gleichnis handelt es sich um sinnvolle Zufälle ... Sie sind denkbar innerhalb der Feldwirkung einer zielgerichteten Ordnung. Die Entwicklung der Lebewesenarten auf der Erde ließe sich zum Beispiel so verstehen" (K. Sonntag).

Vielleicht lässt sich diese Intuition Heisenbergs auch übertragen auf jene „sinnvollen Zufälle", die wir hier als „Fügungen" eingestuft haben.

DER MENSCH ALS RÄTSEL UND GEHEIMNIS

Welchen Sinn haben „Fügungen"

Nehmen wir einmal an – so lässt sich eine skeptische Stimme vernehmen –, die Möglichkeit oder Denkbarkeit göttlicher Fügungen sei hinlänglich dargelegt; dennoch verstehen wir immer noch nicht die Notwendigkeit oder wenigstens den Sinn solcher Fügungen Gottes! Wozu brauchen wir so etwas? Sind die Menschen angewiesen auf solche göttlichen Fügungen? Müssten wir somit nach ihnen Ausschau halten? Macht es aber nicht den fatalen Eindruck nachträglicher Korrekturen des Schöpfers an seinem Werk, der erkennen muss, dass doch nicht „alles gut war"?

Versuchen wir, uns im Licht dieser sehr berechtigten Fragen noch weiter vorzutasten.

Mit der *Verwunderung*, so bemerkte Platon, beginne die Philosophie: mit der Verwunderung darüber, dass etwas ist, obwohl es auch nicht sein könnte; dass etwas so ist, obwohl es auch anders sein könnte. Solche Verwunderung ist gewiss auch die Grundlage für jede Art von religiöser Verehrung. Dieser Verwunderung ist nun das *Wunder* oder das *Wunderbare* überhaupt zugeordnet: als das nicht-selbstverständliche Gegebensein einer bestimmten Situation.

Die Verwunderung des seine Welt erforschenden Menschen setzt zunächst bei den Tatsachen an.

Romano Guardini hat diese klar von den Notwendigkeiten unterschieden, wie sie etwa in den Naturgesetzen ausgedrückt sind. Gemeint sind all jene Notwendigkeiten, welche ein Mensch einsehen und formulieren, woher er auch eine Reihe von Vorkommnissen und Erscheinungen in seinem Leben ableiten kann. Dies ist jedoch bei jenen Tatsachen, die für das Menschenleben eine bestimmte Bedeutung haben, eben nicht der Fall. Tatsachen sind zwar, sie müssen aber nicht sein. „Ohne die Notlandung in Tamaulipas (2.IV) wäre alles anders gekommen" (Homo Faber). Dies, dass die Existenz solcher Tatsachen nicht abgeleitet, in keine bekannte, höhere Notwendigkeit eingefügt werden kann, ist das Verwunderliche oder auch Belastende. Zwangsläufig entstehen so jene in Verlegenheit führende Fragen: Warum ist das geschehen? Warum ist das Leben so, wie es ist: für die einen tragisch, leidvoll, für die anderen glücklich, erfolgreich?

Vier Antworten auf solche Fragen sind denkbar. Die einen suchen oder vermuten eine geheime, dem simplen Menschengeist unzugängliche, höhere Notwendigkeit oder Weltordnung, in die sich die merkwürdigen Tatsachen doch wenigstens theoretisch einfügen ließen: Hegels „List der Vernunft" in der Weltgeschichte etwa war ein solcher Versuch.

Andere nehmen die Unableitbarkeit solcher Tatsachen ernst, sehen sie jedoch gleichzeitig als freie, geheimnisvolle Setzungen einer überirdischen Intelligenz von schicksalhafter Machtfülle. Wieder andere halten die Weltwirklichkeit als Quelle solch unerwartbar-paradoxer Tatsachen insgesamt für absurd, für sinnlos. Der altgriechische Mythos von „Sisyphos" wurde so für Camus zu einem Gleichnis für das Erlebnis der Absurdität des menschlichen Lebens in der Welt. Außerdem gibt es aber Leute, die schon die genannte Art von Fragen überhaupt für sinnlos erklären (die Frage „Warum und wozu lebe ich?" ist ihrer Meinung nach ungefähr so „sinnvoll" wie die Frage „Warum gibt es den Mond?").

Der Mensch als Geheimnis für sich selbst

Obwohl jede der oben erwähnten Antworten auf die Grundfragen des Lebens ihre Verfechter gefunden hat, hat sich die Menschheit in ihrer klaren Mehrheit doch unzweifelhaft zu der zweiten Antwort bekannt. Sie sieht in den vielfältigen, zu Verwunderung, Frage usw., anregenden Tatsachen des Lebens freie Setzungen einer überirdischen Schicksalsmacht.

Der altgriechische Denker Platon erwähnt in seinem 7. Brief, er habe sich für seine Fahrt nach Sizilien dem „Retter Zeus" anvertraut und habe „glückliche Rettung" erlangt, wofür er „dem Gott danken" müsse. Eine solche Sicht der Dinge scheint zu den Grundbestandteilen religiöser Weltdeutung zu gehören. Doch soll uns an diesem Punkt eine ganz grundsätzliche Überlegung weiterhelfen. Der Mensch, der staunend die vielfältigen Gegebenheiten der Welt zur Kenntnis nimmt, kommt in diesem Staunen gleichzeitig zu sich selbst. Indem ihn, wenn er bei Dingen und Menschen verweilt, das Staunen über sie ergreift, findet er über beide, Dinge und Menschen, hinweg zu sich selbst, dem staunend Ergriffenen. Und verwundert wird er dessen gewahr, dass er, trotz aller Versunkenheit ins Getriebe seiner Welt, über sie hinaus blicken kann und zugleich in sich selber steht, in unverlierbarer, unverwechselbarer Individualität. Indem er staunend von einer Welterfahrung zu anderen schreitet, erfährt er sich und sein geistiges Wahrnehmungsorgan als unbegrenzt offen. Dies ermöglicht es ihm, die Grenzen der geschaffenen Wesen als Grenzen zu erfassen („Warum ist das *so* und nicht anders?"), und indem er dies tut, erwacht in ihm die Gewissheit seines eigenen Gegründet- und Gehaltenseins im unbegrenzten Ursprung von allem, was ist.

Der Gedanke geht noch weiter. Der nachsinnende Mensch entdeckt, dass Staunen und Fragen in ihm notwendig verbunden sind in einer ihm ursprünglich auferlegten Notwendigkeit: staunendes Fragenmüssen über die jeweiligen Tatsachen und Begegnungen hinaus. Der Mensch entdeckt, dass er sich gar nicht dessen enthalten kann, immer wieder ins Staunen zu geraten und immer wieder Fragen zu stellen, um zu erhellen, zu klären, warum etwas seine Verwunderung erregt hat. Staunen und Fragen sind demnach nicht in sein freies Belieben gestellt, sondern liegen seiner Freiheit voraus und zugrunde, und zwar in so grundlegender Weise, dass, wollte man das Staunen und Fragen unterdrücken oder ausmerzen, man den Menschen in seinem Wesen zerstören würde.

Mit dieser Erkenntnis holt nun aber der fragende Mensch gleichsam sich selber ein, stößt staunend auf sich selbst als unbegreifliche Tatsache: Warum bin ich (als Mensch) so geartet, wie ich bin? Warum muss ich auf der Suche nach Erfüllung das Erreichte immer wieder übersteigen, warum muss ich die Menschen, denen ich begegne, immer wieder verlassen und verabschieden?

Warum bin ich andererseits auf solche Begegnungen fundamental angewiesen? Warum mache ich immer wieder für mich wertvolle (oft aber auch enttäuschende) Erfahrungen? Warum bin ich überhaupt ein vom Staunen Bewegter, vom Fragenmüssen Umgetriebener? Warum bin ich als Mensch ein Typ wie Faust, den Goethe durch Mephistopheles so charakterisieren lässt:

„Ihn treibt die Gärung in die Ferne.
Er ist sich seiner Tollheit halb bewusst;
Vom Himmel fordert er die schönsten Sterne
Und von der Erde jede höchste Lust
Und alle Näh' und alle Ferne
Befriedigt nicht die tiefbewegte Brust"?

Mensch-Sein als Ur-Fügung

Die Überlegung mündet hier in den folgenden Gedanken: Wenn der Mensch, der nicht selber der zureichende Grund für sein Dasein ist, in den wichtigsten Situationen seines Lebens ein unaufhörlicher Sinnsucher ist; wenn Staunen, Fragen, Suchen nicht frei gewollte Aktion, nicht entbehrliche Aktivität sind, sondern Reaktion, Antwort auf widerfahrene Sinnoffenbarungen; wenn der Mensch in all diesen Grunderfahrungen dem verborgenen Ursprung solcher Erfahrungen zugewandt ist; wenn diese Grunderfahrungen ihn zu sich selber bringen und sein Bewusstsein von sich selbst vertiefen – dann kann der ihm gegenüberstehende Ursprung selbst, als bedingender Grund dieser Erfahrungen, nicht dunkel, nicht unpersönlich sein, sondern muss eine freie, ihrer selbst mächtige, personale Macht sein. Dann müssen auch die für die Selbstfindung des Menschen unentbehrlichen und hilfreichen Tatsachen notwendigerweise freie Setzungen oder Fügungen dieser Macht sein; dann muss der Mensch, sein Dasein, sein Sosein selbst „Fügung", ursprünglichste „Fügung" dieser göttlichen Macht sein.
Dies wäre die Grundeinsicht: Ich selbst bin als Mensch, in meinem Dasein mit seiner vorgegebenen Eigenart, die erste und alle späteren Erfahrungen grundlegende Fügung einer mir übergeordneten, verborgenen, göttlichen Macht.

Ich weiß mich in meiner mir vorgegebenen Existenz verfügt durch eine für mich geheimnisvoll-unverfügbare, mithin transzendente Macht.

Die Fügung als Antwort auf die Sinnfrage

Indem ich aber gleichsam über mich selbst hinaus blicken kann, hin auf das für meinen Geist undurchdringliche Dunkel des göttlichen Geheimnisses, wird mir gleichzeitig bewusst, dass dieses absolute Geheimnis, wenn es will, weitere Verfügungen treffen, weitere Fügungen an mir oder für mich bewirken kann über jene grundlegende Fügung hinaus, die ich selber bin. Der Grund für mein Dasein ist mir ja entzogen, verborgen in jener frei über mir waltenden, mich verfügenden, göttlichen Macht. Um den Sinn meines Daseins zu erkennen und mich selbst zu finden, bin ich daher angewiesen auf Fügungen von Seiten jener transzendenten Macht, in der ich mich gegründet weiß. Solche Fügungen können verschiedene, im Voraus gar nicht errechenbare Gestalten haben: Worte, Personen, Ereignisse. Ihnen allen ist jedoch gemeinsam, dass sie die Bedeutung von „Zeichen" tragen, die jedoch nur dem unbefangen suchenden Menschen ihren Sinngehalt offenbaren. Anders ausgedrückt: Der Mensch kann gar nicht anders als versuchen, die Ereignisse, Personen, Worte, mit denen er täglich zusammentrifft, als solche daseinserhellende, sinneröffnende Zeichen zu verstehen.

Doch eines sollte hier nicht vergessen werden:
Auf dieser Stufe der Überlegung kann der Mensch nicht wissen, ob die über ihn verfügende Schicksalsmacht für ihn Heil oder Glück bewirkt oder für ihn vielmehr Unheil, Absurdität bereithält. Fügungen, aus denen er erkennen müsste, dass er nichts sei als der Unfug der grausamen Spiellaune einer unverfügbaren Schicksalsmacht. An Beispielen für die letztere Denkmöglichkeit fehlt es nämlich durchaus nicht. So sind wir Menschen,

nach A. Camus etwa, umstellt von „absurden Mauern", eine „blutige Mathematik herrscht über uns", der Mensch soll „revoltieren" und aus dieser Welt einen Gott vertreiben, der „mit der Vorliebe für nutzlose Schmerzen in sie eingedrungen war". „Wir finden uns dem Bösen gegenüber!" Andere konkretisieren die Absurdität der Welt von heute noch schärfer: der biblische Schöpfungsauftrag an die Menschen – „Gehet hin, und mehret euch, und macht euch die Erde untertan!" (Gen I,28) – müsse, wie die Folgen bewiesen, entweder vom Teufel stammen oder einer „fatalen Fehleinschätzung des Allwissenden" entspringen. Zufolge seiner „Unfähigkeit, die menschliche Massenvermehrung als gefährlichste Existenzbedrohung einzudämmen" und die politisch-wirtschaftlich-gesellschaftlich- technologischen Verstrickungen zu entwirren und zu steuern, werde der Mensch, der bereits „die natürliche Auslese überspielt und dem Kampf ums Dasein seiner biologischen Vorfahren entronnen ist ... am Exzessiv-Verhalten seines Großhirns scheitern", so wie seinerzeit Säbelzahntiger, Flugechsen oder Dinosaurier an der Überentwicklung bestimmter Organe zugrunde gingen. Dass dieses Organ, das menschliche Gehirn, überhaupt entstand, sei ein „Verhängnis" (Th. Löbsack). Oder man denke an so deprimierende Zukunftsgemälde wie Huxleys „Schöne neue Welt" oder Orwells „1984"!

DAS CHRISTLICHE VERSTÄNDNIS DER „FÜGUNG"

Jesus Christus als Ur-Gestalt der guten Fügung Gottes

Wenn der Christ, anders als der Skeptiker, sein Vertrauen auf Jesus Christus setzt, d. h. sein Leben der Person Jesu Christi anvertraut, so tut er es, weil er glaubt, in der Erscheinung dieses Jesus, in dessen Wort und Tat, die Verkörperung der guten Fügung Gottes selbst erkannt zu haben. An der Gestalt Jesu entzündet und nährt sich sein Vertrauen, dass die unverfügbar verfügende göttliche Schicksalsmacht mit dem ihr ausgelieferten Menschen keinen grausamen Unfug treibt, ihn nicht dem Spiel undurchschaubarer Willkür aussetzt, sondern ihre letzte Absicht mit dem Menschen als Erlösung und Heil offenbar gemacht hat. Damit verbindet sich die Überzeugung, dass Gottes Macht auch die für den Menschen vorläufig undurchschaubaren Ereignisse seines Lebens zu einem Heilsgeschehen zusammenfügt. Dieser Glaube spiegelt sich schon klar in den Briefen des Neuen Testaments: Gott hat „uns das Geheimnis seines Willens kundgetan" (Eph I,9, vgl. Röm 16, 25ff). Und weiter heißt es: „Er hat uns aus Liebe im voraus dazu bestimmt, durch Jesus Christus seine Söhne zu werden... Durch sein Blut haben wir die Erlösung, die Vergebung der Sünden ... Wie er es im voraus gnädig bestimmt hatte: in Christus wollte er die Fülle der Zeiten heraufführen, in Christus alles vereinen, alles, was im Himmel und auf Erden ist ... Durch ihn ..., der alles so verwirklicht, wie er es in seinem Willen beschließt, sind wir zum Lob seiner Herrlichkeit bestimmt, die wir schon früher auf Christus gehofft haben" (Eph I, 5-12).

Dem entspricht ein anderes Glaubensbekenntnis: „Wir wissen, dass Gott bei denen, die ihn lieben, alles zum Guten führt ...; denn alle, die er im voraus erkannt hat, hat er auch dazu vorausbestimmt, an Wesen und Gestalt seines Sohnes teilzuhaben" (Röm 8, 26ff).

Wie ein Echo klingt, was der Johannesprolog zu sagen hat: *„Niemand hat Gott je geschaut. Der Einzige, der Gott ist und am Herzen des Vaters ruht, er hat Kunde gebracht"* – wörtlicher: *„er hat ausgelegt (Gott, Gottes Plan)"* (Joh 1,18).

„Er hat Kunde gebracht": damit der Mensch, der sie annimmt, „wenigstens genug Licht für die nächsten Schritte hat" (L. Boros).

Begegnung mit Jesus als Fügung

Wer diese Äußerungen für phantasievolle Gebilde menschlichen Wunschdenkens hielte, könnte ihre Entstehung nicht wirklich erklären. Zu verstehen sind sie wohl nur als Artikulation einer Begegnung, der Begegnung einiger Menschen mit Jesus von Nazaret.

Als gute Fügung, als Gnade können – darauf hat bereits R. Guardini hingewiesen – schon gute Freundschaften im Menschenleben erfahren werden. Die Begegnung eines bestimmten Du mit diesem Ich offenbart oft einen Sinngehalt, der nicht erzwungen, sondern nur als Geschenk, als Gnade empfangen werden kann. Die Begegnung erweist sich als sinnerfüllt, ja unentbehrlich für die Erfüllung des Lebenssinnes von einem oder mehreren Menschen, und doch hängt ihr Zustandekommen von der „Fügung einer Stelle" oder Instanz ab, über die sie nicht verfügen können.

Analog muss es den Menschen bei der Begegnung mit Jesus ergangen sein. Das dieser Begegnung Sinngebende und für die nach dem Sinn ihres Lebens suchenden Menschen Wegweisende muss Jesu Verhältnis zu Gott gewesen sein. Das unerhört Neuartige an diesem Gottesverhältnis leuchtet nicht nur in der völlig unüblichen, vertraulichen Gottesanrede auf: „Abba, Vater" (Mk 14, 36, vgl. Gal 4, 6; Röm 8, 15).

Es wird auch sichtbar in Erzählungen wie etwa vom Herrn, der dem Menschen selbst die untilgbar große Schuld erlässt (Mt 18, 23-35), oder vom Vater, der seinen zwar reumütig, doch auch mit Schande bedeckt heimkehrenden Sohn aufnimmt wie seinen besten Freund (Lk 15, 11-35). Weil Gott dem Menschen neu enthüllt wird, kann nun der Mensch handeln, wie Gott handelt.

Weil er dies an Jesus erfahren hat, bekennt der betrügerische Zolleinnehmer Zachäus öffentlich seine Schuld und verspricht Wiedergutmachung – eine Reaktion, die vorher trotz aller Vorwürfe und trotz aller Verachtung seiner Mitbürger nicht zustande gekommen war (Lk 19, 1-10). Weil sie dies an Jesu erfahren hat, liebkost jene stadtbekannte Sünderin Jesus mit wortlos-„anstößiger" Geste; mit ihren Tränen aus überfließender Dankbarkeit bezeugt sie vor aller Augen, wer ihr den Sinn ihres Lebens erschlossen und wiedergeschenkt hat (Lk 7, 36-50).

Also nicht nur im Wort, sondern auch in der Tat haben die ihm begegnenden Menschen Jesus immer wieder als den „barmherzigen Samariter" (Lk 10, 31 ff) erkannt, der die unterschiedslosen Zuwendung Gottes zu allen Arten von Menschen – Zöllnern, Aussätzigen, für besessen Erklärten, „Ungläubigen" (Nichtjuden), Sündern und Ehebrechern, Schriftgelehrten, Pharisäern und Sadduzäern – entschieden und unter Einsatz seines Lebens vor Augen führte. Ihnen allen wurde er „der Nächste" und verkündete ihnen so in der Praxis die aufrüttelnde „Nähe" der Gottesherrschaft, einer Herrschaft, die sich nicht über Blut und Gewalt aufrichtet, sondern durch dienende Liebe nahe bringt.

Dies alles spitzte sich zu – menschlich gesprochen – im Scheitern von Jesu Wirken, in der zunehmenden Verständnislosigkeit der Leute für die Tiefenschichten seines Geheimnisses. Es spitzte sich zu in der dadurch ermöglichten Verführbarkeit der Menge durch jene, die seine Vernichtung planten, weil sie ihn der Gotteslästerung verdächtigten. Es spitzte sich schließlich zu in der von den Römern erpressten Hinrichtung am Schandpfahl des Kreuzes.

Aber auch da bleibt Jesus seiner Sendung treu: da, wo das Gefühl des Ausgeliefertseins an die Mächte der Welt am furchtbarsten ist – „Wenn es möglich ist, gehe dieser Kelch an mir vorüber" (Mt 26, 39) und „Mein Gott, warum hat du mich verlassen?" (Mt 27, 46) –, wird es überstiegen durch die den Todfeinden gewährte Verzeihung (Lk 23, 34) und die sterbende Bergung des eigenen Lebens in die Hände des „Vaters" (Lk 23, 46).

Von der Deutung zur Be-deutung

Auf die historische Frage, ob der sterbende Jesus diese Rufe tatsächlich „ausgestoßen" hat, brauchen wir hier nicht einzugehen, mithin auch nicht auf die Spannung, die hier (für eine redaktionsgeschichtliche Exegese) zwischen den Erzählungen des Mt (Mk) und Lk auftaucht. Die genannten „Äußerungen Jesu" verstehen sich als Erkenntnisse der frühen Christengemeinde, die von den Evangelisten vorgetragen und akzentuiert werden.

Entscheidend ist, dass sich in diesen Deutungen der Eindruck und die Erfahrungen niedergeschlagen haben, welche sich den Menschen aus der Begegnung mit dem irdischen Jesus aufdrängten. Diesen Jesus erfuhren sie auch noch nach seinem Tod als lebendig unter ihnen wirkend, wie es die Erzählung von den zwei Jüngern auf dem Weg nach Emmaus so lehrreich darstellt (Lk 24, 13-35). Und weiter ist entscheidend, dass die von dem „Lebendigen" her legitimierten Deutungen Licht warfen auf die ganze „Sache Jesu" unter Einschluss seines Todes, so dass diese ganze „Sache Jesu" verstehbar wurde als von Gott verfügtes Heilsgeschehen, ja dass Jesus erkannt wurde als die gute Fügung Gottes zum Heil des Menschen.

Hier erscheinen die zitierten Äußerungen des Epheserbriefes in konkreter Gestalt, ebenso wie die Aussage, dass wir zum Preis von Gottes Herrlichkeit unsere Hoffnungen von vornherein auf Christus setzen sollten (vgl. Eph 1, 12).

„In dem Geschick Jesu von Nazaret hat Gott sich selbst ausgelegt: Siehe, so bin ich ... Aber er hat es nicht durch Belehrung, sondern durch Bewährung getan:

Er hat seine Liebe verifiziert, er hat sie ´wahr-gemacht`, indem er sich selbst aufs Spiel gesetzt und sich mit dem Schicksal der Menschen bis in die tiefsten Bereiche ihrer Existenz, selbst bis in den Tod identifiziert hat. Die Selbstinterpretation Gottes in Jesus von Nazaret bedeutet seine Selbstidentifikation mit den Menschen, die Verbindung der Allmacht mit der Ohnmacht ... Im Licht der Christusoffenbarung erblicken wir nicht eine neue Welt, wir sehen nur die Welt neu – gleichsam mit Gottes Augen, so dass wir seine Gegenwart in ihr erkennen ... Indem Gott sich in Jesus von Nazaret lichtet, lichtet sich uns das Dasein" (H. Zahrnt).

Von der Furcht vor dem Schicksal zum Glauben an das Heil

Dafür gibt die wohl aus österlicher Erfahrung gestaltete Erzählung vom Wandel Jesu auf dem See (Mk 6, 45-52 par) ein unübertrefflich großartiges Bild ab. Es wirkt umso beredter, je mehr man erkennt, dass es bis in seine Einzelheiten hinein aus alttestamentlichen Motiven mosaikartig zusammengesetzt ist. Während die Menschen, die da „alle in einem Boot sitzen", schwer mit den Mächten des Unheils und Verderbens zu kämpfen haben, die ihnen entgegenwirken (es herrscht „Gegenwind", die Jünger haben schwer zu rudern; Wasser und Wasserfluten sind – besonders in dem Psalmen – Bilder für Unheilsmächte), schreitet in der ersten Morgendämmerung eine geheimnisvolle Gestalt über die Wogen auf sie zu. Entsetzt schreien die Menschen auf, wähnen ein Gespenst vor sich – ein Bild wiederum für das Gefühl, ausgeliefert zu sein an eine unheimlich-unverfügbare Schicksalsmacht. Aber indem Jesus zu ihnen redet, klärt sich das Bild, verliert es seine unheimlichen Züge, und in der Gestalt Jesu erscheint das bergende Antlitz des menschenfreundlichen Bundesgottes: „Ich bin da! Fürchtet euch nicht!"
Sogleich, wie er zu ihnen ins Boot steigt, legt sich der Sturm; ein Hinweis darauf, dass Jesus – ähnlich wie in der Erzählung von der Stillung des Seesturms (Mk 4, 35-41) – durch Gott über die Mächte des Unheils und des Todes ver-fügt, und zwar *für* die Menschen. Dies lässt die inhaltliche Nähe dieses Bildes zum Kreuzestod Jesu noch einmal fühlbar werden: Jesus, die gute Fügung Gottes zum Heil der Menschen! Dem entspricht nun auch die mahnende Tröstung bei Paulus:

„Ihr habt nicht den Geist empfangen, der euch wieder zu Knechten macht, so dass ihr euch fürchtet müsstet, sondern ihr habt den Geist empfangen, der euch zu Söhnen macht, den Geist, in dem wir rufen: Abba, Vater!" (Röm 8, 15, vgl. Joh 16, 33).

So nämlich lehrt Jesus seine Jünger, das unverfügbar über sie verfügende Geheimnis vertrauensvoll anzuregen: „Abba, Vater" (Lk 11,2).

Das Evangelium von der „Vorsehung"

Wenden wir uns nun zu weiterer Klärung dem Begriff der „Vorsehung" zu. Ein mörderischer Wahnsinn der jüngsten Vergangenheit hatte ihn für sich usurpiert; wir wollen ihm jene Bedeutung zurückgeben, die das Evangelium ihm zulegt.

„Deswegen sage ich euch: Sorgt euch nicht um euer Leben und darum, dass ihr etwas zu essen habt, noch um euren Leib und darum, dass ihr etwas anzuziehen habt. Ist nicht das Leben wichtiger als die Nahrung und der Leib wichtiger als die Kleidung? Seht euch die Vögel an: Sie säen nicht, sie ernten nicht und sammeln keine Vorräte; euer himmlischer Vater ernährt sie. Wer von euch kann mit all seiner Sorge sein Leben auch nur um eine kleine Zeitspanne verlängern? Und was sorgt ihr euch um eure Kleidung? Lernt von den Lilien, die auf dem Feld wachsen: Sie arbeiten nicht und weben nicht. Doch ich sage euch: Selbst Salomo war in all seiner Pracht nicht gekleidet wie eine von ihnen. Wenn aber Gott schon das Gras so prächtig kleidet, das heute auf dem Feld steht und morgen ins Feuer geworfen wird, um wie viel mehr dann euch, ihr Kleingläubigen. Macht euch also keine Sorgen und fragt nicht: Was sollen wir essen? Was sollen wir trinken? Was sollen wir anziehen? Denn um all das geht es den Heiden. Euer Vater im Himmel weiß, dass ihr das alles braucht.

Euch soll es zuerst um sein Reich und seine Gerechtigkeit gehen; dann wird euch alles andere dazugegeben ... Verkauft man nicht zwei Spatzen für ein paar Pfennig? Und doch fällt keiner von ihnen zur Erde ohne den Willen eures Vaters. Bei euch aber sind sogar die Haare auf dem Kopf alle gezählt.

Fürchtet euch also nicht! Ihr seid mehr wert als alle Spatzen zusammen" (Mt 6, 25-33; 10, 29-31/Lk par).

Genau dieses Evangelium hat der lateinamerikanische Priester und Dichter Ernesto Cardenal auch mit seinen Bauern von Solentiname erörtert. Von den Gesprächsbeiträgen seien zwei hier stellvertretend erwähnt. Eine Bäuerin: „Also ich muss sagen, dass ich als Mutter von neun Kindern immer mit diesem Vertrauen gelebt habe. Wie hatten nie Geld, aber es fehlte auch nie am Nötigsten. Irgendwie renkte sich immer alles ein. Ich habe dieses Evangelium noch nie gehört, aber es klingt mir so bekannt, als ob es sich um unser tägliches Leben handelte." Ein Mann, der an den politischen Einsatz für ein verändertes System sozialer Gerechtigkeit dachte, wo jeder sein Auskommen haben würde, ergänzte: „Ich glaube, auf dem Weg zu diesem System, der wahrscheinlich ein langer Weg ist, hat man diese Sorglosigkeit mehr denn je nötig. Denn wenn man für die anderen arbeitet, findet man vielleicht keinerlei Unterstützung, man hängt in der Luft und traut sich nicht, den nächsten Schritt zu tun. Dafür braucht man dann dieses Vertrauen, von dem Jesus spricht. Sonst gibt man alles auf und kehrt zu seinen persönlichen Interessen und seinen egoistischen Sorgen zurück."

Diesen Zeugnissen, vorab jedoch dem Evangelium, ist demnach die Überzeugung eigen, dass Gott für uns, für jeden einzelnen von uns, Sorge trägt: „Bei euch sind sogar die Haare auf dem Kopf alle gezählt. Fürchtet euch also nicht! Ihr seid mehr wert als alle Spatzen zusammen" (Mt 10, 31).

Das Evangelium will gewiss nicht suggerieren, wir Menschen könnten oder sollten gar die Hände in den Schoß legen.

Zur menschlichen Daseinsvorsorge gehört die Arbeit, also – vor allem im ländlichen Milieu – die Aussaat, die Ernte, die Schaffung von Vorrat in Scheunen.

Die Vögel, auf die Jesus vergleichend hinweist, tun all dies nicht, weil sie es nicht vermögen – „und doch ernährt sie euer himmlischer Vater!" Sie leben also davon, was sie tagtäglich finden, leben also aus Daseinsvorsorge und Grundgüte ihres Schöpfers.

Entsprechend ist die Daseinsvorsorge zu sehen, die der Mensch für sich und die Seinen selbst anstellt.

Auch die Sorge des Menschen für sich und die Seinen lebt elementar davon, dass er – durch die Mühe der täglichen Arbeit hindurch – in deren Erfolg und Gelingen das findet, was er zum Leben notwendig braucht: Nahrung, Trank, Kleidung, Wohnung usw.

Also auch wir Menschen leben – das will der Vergleich uns lehren – aus der grundlegenden Daseinsvorsorge und gütigen Fügung unseres Schöpfers, der unsere menschliche Arbeit und Mühe nicht grundsätzlich fruchtlos, töricht, zerstörerisch sein lässt. Diese uns vorgegebene, ständige und immer wieder sichtbar werdende Fügung wird häufig vergessen – auch weil ungerechte Entlohner von Arbeit sie oft verstellen..

An die vorgetragene Einsicht wird im Text noch in stärkerer Weise appelliert: „Ist nicht das Leben wichtiger als die Nahrung und der Leib wichtiger als die Kleidung?" Gemeint ist: Wenn euer Schöpfer euch Leben und Leib gegeben hat und erhält, wie sollte er nicht wissen, dass ihr dazu auch Nahrung und Kleidung braucht! Jesus warnt hier eindringlich vor jener Besessenheit von Furcht und Sorge um das eigene Leben, die manche Menschen vergessen lässt, dass sie sich nicht selbst geschaffen haben und auch nicht imstande sind, sich ihr weiteres Dasein zu geben, zu garantieren. In der verfehlten Sorge um das Leben, der das Grundvertrauen mangelt, kann der Mensch so sehr aufgehen, dass er darin geistig erstickt, so wie ein Same, der unter Dornen gefallen ist (vgl. Mt 13, 7.22).

Nur wer besagtes Grundvertrauen besitzt und behält, kann überhaupt, dem Wort Jesu lauschend, sich für das Reich Gottes öffnen (vgl. Mt 6,33).

Jesu Predigt enthält ja das Angebot einer unvergänglichen Lebensgemeinschaft mit Gott, die schon hier und jetzt beginnt, ein Angebot, das die tiefsten Sehnsüchte des Menschen erfüllt und an jeden einzelnen gerichtet ist. Vor allem in den Gleichnissen mit negativem Pol – denken wir an die Gleichnisse vom verlorenen Sohn, vom verlorenen Schaf u.a. – wird die jeden einzelnen Menschen persönlich meinende Fürsorge Gottes ausgesprochen: der Vater, der Hirt usw. ruht nicht, bis er auch den letzten Verkommenen, Verlaufenen heimgebracht hat. Aus dem Dargelegten ergibt sich also die Gnade der göttlichen Fügungen im erwähnten, doppelten Sinn!

All das kulminiert jedoch auf die schon beschriebene Weise in Jesus Christus selbst, der guten Fügung Gottes, dem lebendigen Evangelium von Gottes zuvorkommender Vorsehung!

Aufruf zu tätigem Vertrauen

Ergänzt wird dieses Evangelium durch Jesu Lehre über das rechte Vertrauen zu Gott, das sich zumal im rechten Beten aussprechen soll: „Denn euer Vater weiß, was ihr braucht, noch ehe ihr ihn bittet" (Mt 6, 8). Wenn schon die Gottlosen ihren Kindern Gutes erweisen, wie viel mehr wird Gott denen, die ihn darum bitten, gute Gaben zukommen lassen (vgl. Mt 7, 11 par). In zwei Gleichnissen bei Lukas wird die Selbstverständlichkeit, mit der Gott für die Menschen sorgt, die sich ihm anvertrauen, durch Kontrast und Überbietung besonders hervorgehoben: im Gleichnis vom Mann, der bei seinem Freund sogar um Mitternacht drei Brote borgen kann (Lk 11, 5-8), und im Gleichnis vom ungerechten Richter, welcher gar nicht anders kann, als der zudringlichen Witwe Recht zu verschaffen (Lk 18, 1-8): um wie viel mehr wird dann Gott – zu dieser Schlussfolgerung wollen die Gleichnisse anstoßen – sich jenen zuwenden, die ihn brauchen?! Daher die grundsätzliche Anweisung: „Betet und bittet, um was ihr wollt; glaubt nur, dass ihr es schon erhalten habt, dann wird es euch zuteil!" (Mk 11, 24 par, vgl. Mt 7, 7 ff; Lk 11, 9 ff). Dies alles erscheint wie zusammengefasst in jener Gebetsunterweisung Jesu für seine Jünger, die wir in den „Vater-unser"-Bitten vor uns haben (Lk 11, 1-4; Mt 6, 9-13).Vielleicht kann man mit Schalom Ben-Chorin sagen, dieses Gebet, das Jesus seine Jünger lehrte, sei „ein jüdisches Gebet vom ersten bis zum letzten Worte" und könne auch von einem rechtgläubigen Juden vorbehaltlos mitgebetet werden. Doch sieht Ben-Chorin auch das unverwechselbar Eigene, Besondere an Jesus: dessen Gottesverhältnis als „inniges Vater-Kind-Verhältnis" („Abba").

So wird, auch wenn das kindliche Gottvertrauen des betenden Menschen bereits jüdische Tradition ist, M. Dibelius recht haben, wenn er meint, das Vater-unser können nur von demjenigen im Sinne Jesu gebetet werden, der mit Jesus *seine* eigentümlich „innige" Beziehung zu Gott teilt. Die von Jesus so herausgestellte „Kindlichkeit" als Vorbedingung für den Eintritt in das Gottesreich (vgl. Mk 10, 14 ff) empfängt daher vom Gottesverhältnis Jesu selbst noch einmal eine besondere Ausprägung und Vertiefung.

Dies wäre ergänzend noch zu erläutern durch die Erinnerung, wie die prophetische Vision von Gottes zukünftiger Hirtenschaft (vgl. Ez 34, 15 ff) zumal vom Johannesevangelium auf Jesus selbst bezogen wird:

„Ich bin (statt: werde sein) *der gute Hirt"* (Joh 10, 11 ff).

In diesem Sinn kann der Beter des Neuen Bundes das Vertrauen der Beter des Alten Bundes als sein eigenes erkennen und aufnehmen:

„Es wohnt in des Höchsten Schutz und weilt in des Allmächtigen Schatten,

wer spricht zum Herrn: Meine Zuflucht,

meine Burg, mein Gott, dem ich traue

... Er befiehlt seinen Engeln über dir, dich zu behüten auf all deinen Wegen, dass sie auf Händen dich tragen,

dass dein Fuß sich an Steinen nicht stoße.

... Ruft er mich, so höre ich ihn,

bin mit ihm in Zeiten der Not,

ich befrei' ihn und bring' ihn zu Ehren.

Mit langem Leben sättige ich ihn

Und lasse ihn schauen mein Heil!"

(Psalm 91, nach A. Weiser)

„Die eigenartige Weite und Tiefe des Vertrauens ruht in dem wunderbaren Umstand, dass der höchste Gott, dessen Namen man nur mit dem Schauern der Ehrfurcht auf die Lippen nimmt, gerade der ist, den der einzelne ‚mein Gott' nennen darf, als wäre er nur für ihn allein da" (Weiser).

Echohaft, fast antiphonisch klingen demgegenüber die Worte Martin Luther Kings:

„Gott ist mächtig.

Ist jemand unter uns, der seinem Lebensabend

entgegengeht und den Tod fürchtet?

Warum diese Furcht?

Gott ist mächtig!

Ist jemand unter uns, der über den Tod

eines geliebten Menschen verzweifelt ist?

Warum verzweifeln?

Gott kann die Kraft schenken,

das Leid zu tragen.

Sorgt sich jemand um seine schlechte Gesundheit?

Warum sich sorgen?

Komme, was mag. Gott ist mächtig!

Wenn unsere Tage verdunkelt sind

Und unsere Nächte finsterer

als tausend Mitternächte,

so wollen wir stets daran denken,

dass es in der Welt eine große,

segnende Kraft gibt, die Gott heißt.

Gott kann Wege aus der Ausweglosigkeit weisen.

Er will das dunkle Gestern

in ein helles Morgen verwandeln –

zuletzt in den leuchtenden Morgen der Ewigkeit."

Das Kreuz – Zufall oder Fügung?

Diese Gedanken über göttliche Fügung als Aufruf zum Quietismus aufzufassen, wäre ein Missverständnis. Der gläubige Christ sollte auch nicht meinen, mit Hilfe von „Fügungen" alles erklären, die Nöte und Sorgen, die Vorkommnisse und Unglücksfälle, die einen selbst oder andere treffen, ´verstehen`, ´einordnen`, und so entweder verharmlosen oder (nach Bedarf) verschärfen zu können. In seinem damals Aufsehen erregenden Buch „Jesus für Atheisten" vermutet Milan Machovec, jene Inhalte der synoptischen Tradition, wie wir sie oben bedacht haben, hätten unwillkürlich schon den Boden bereitet für die spätere Verschmelzung des christlichen Glaubensgutes mit dem Vorsehungsdenken der Antike (Stoa, Neuplatonismus), „damit aber auch die bedenkliche Fähigkeit, zu leicht in allem einen Sinn zu finden, Erklärung und Rechtfertigung für alles". Machovec sieht darin (mit S. Freud) „gewisse infantile Merkmale der menschlichen Selbstreflexion ..., die aber, sofern sie sich bis ins Erwachsenenalter fortsetzen, unfähig machen, schweren Schicksalsschlägen auch dort entgegenzutreten, wo das Leben nicht mehr das väterliche Heim ist".

Solche Befürchtungen und Einwände sind naheliegend. Umso bedeutsamer ist daher die Warnung, die in diesem Zusammenhang ein bekannter, von Martin Luther angeregter Theologe formulierte: „Auch mit der Offenbarung seiner Liebe hört die Verborgenheit Gottes für uns nicht auf; im Gegenteil, sie vertieft sich sogar noch ... Angesichts der Offenbarung der Liebe Gottes in Jesus Christus werden uns Hiroshima, Auschwitz, Stalingrad, Dresden ... erst recht zum Rätsel.

Es ist das Rätsel des Streites zwischen der Allmacht und der Liebe Gottes ... Wir können das Rätsel dieses Streites nicht lösen; wir vermögen es ja kaum zu ertragen. Daher gehört der ´Atheismus` als Erfahrung der Abwesenheit Gottes in jeden Glauben an Gott mit hinein. Immer stehen wir in der Spannung zwischen dem offenbaren und dem verborgenen, zwischen dem abwesenden und dem anwesenden Gott. Und nun sagen wir nicht: Das ist die Spannung, die wir aushalten müssen, sondern: Das genau ist der Ort, an dem wir an Gott glauben. Das Wort ´Gott` ist in unserem Munde immer nur eine Interjektion, ein Ruf, ein Schrei, wenn`s hochkommt, ein Bekenntnis, ein Gebet" (Heinz Zahrnt). Diese – für manche befremdliche – Äußerung wird verständlicher, wenn wir eine biographische Notiz hinzunehmen: Zahrnt war Soldat im 2. Weltkrieg bis zum Schluss. In seiner Äußerung spiegelt sich die Erfahrung der Verborgenheit und Fremdheit Gottes im Fürchterlichen und Unfassbaren der Schlachtfelder gegenüber dem Bild von Gott, wie es sich dem Kind im angestammten Glauben geformt hatte.

Der junge Mensch, an Gott hängend, empfing den Eindruck von zwei Gesichtern Gottes: ein huldvollgnädiges und ein unheilvoll-gnadenloses Gesicht. Liegen Huld und Zorn (nach der Idee eines modernen Philosophen) in Gott im Streit miteinander? Doch warum, mit welcher Logik wären dann Schreckenserfahrungen „der Ort, an dem wir an Gott glauben"? Das Rätsel löst sich, wenn wir *unsere* Erfahrung, dass *wir* Widerstreitendes, Unvereinbares (Gnade – Unheil) erleben, von *Gott selbst* unterscheiden lernen. Das musste in der Bibel auch Hiob (und in ihm Israel) lernen: Wenn schlimme Schicksalsschläge Gottes Antlitz verhüllt, ja „feindlich" erscheinen

lassen (wie Hiob mehrmals artikuliert), ist im Geprüft-
werden umso wichtiger das trotzige Festhalten an Gott,
bis seine Güte hinter allem sich überströmend zu erkennen gibt. Im schlimmen Schicksal ist nicht Gott selbst
enthalten, darin offenbart er nicht sein Herz. Das
Zweideutige im Leben, das Zwiespältige der Welt
enthüllt und verhüllt Gott zugleich. Und es bohrt sich in
den Glauben wie ein Schwert: „Glaube ist es, wenn wir
den Stoß des Schwertes in unser Dasein annehmen, das
Schwert der Frage, die keine Antwort mehr findet, das
Schwert, dass alles Leben in seinem Schmerz im Tode
endet, das Schwert, dass nicht einmal die Liebe in diesem
Leben alle Widersprüche auflöst" (Karl Rahner).

Weiter oben haben wir uns bewusst gemacht, dass wir
Menschen in einer intimen Beziehung zu Gott stehen,
insofern wir im Nachdenken über uns selbst auf jenes
undurchdringliche Geheimnis stoßen, das als verhülltes
Du uns gegenüber steht und uns trägt. Wenn wir auch
glaubend vertrauen, dass in Jesu Wort und Tat dieser
Gott sein Antlitz, ja sein Herz offenbart hat und diesen
Jesus als gute Fügung seiner Huld, seiner Liebe erkennen
ließ, so hat er doch am Kreuz Jesu seine eigene radikale
Andersheit, seine Transzendenz über menschliches
Meinen und Deuten hinaus bis an den Abgrund der Unbe-
greiflichkeit und Unverständlichkeit zurückgetrieben (wir
erinnern uns der Reaktionen der Jünger nach der
Kreuzigung!). Erst später haben die im „Skandal des
Kreuzes" zurückgelassenen Jünger zu ahnen begonnen,
dass der Kreuzestod die tiefste, abgründigste Offenbarung des Gottes Jesu Christi war und ist. Jesu Passion,
die am Kreuz besiegelte Totalhingabe seines Lebens an
den „Vater" wurde ihnen zur Offenbarung, dass Gott
selbst sich auf totale und endgültige Weise uns Menschen
gegeben hat.

Das Kreuz steht hier für jenen der Sendung Jesu äußerlichen ´Zufall` oder ´Unfall`, dass Jesu Wirken sich zunehmend zum tödlichen Konflikt mit den religiös-politisch Verantwortlichen zuspitzte, der seine Beseitigung und Vernichtung zur Folge hatte.

In der Hinrichtung am Kreuz aber zeigte Jesus „die geheimnisvolle Kraft, das, was ihm mit Gewalt zugefügt wurde, in eine Tat der eigenen Hingabe zu verwandeln und damit seinen Vater als einen Gott der Gewaltlosigkeit zu offenbaren, der selbst die Freiheit seiner Gegner voll unangetastet lässt und der seine geheimnisvolle Macht dadurch erweist, dass er sogar das Böse zum Guten zu wenden vermag" (Raymund Schwager).

Eindrücklich führt uns Lukas in der Erzählung von den Jüngern auf dem Weg nach Emmaus vor Augen, wie die Jünger das Auferstandensein, die todüberhobene Lebendigkeit Christi nur *durch* die Tat und *als* die Tat seiner Selbsthingabe und Selbstmitteilung (anschaulich im Lobpreis des „Vaters" und in der Teilung des Brotes mit ihnen) erfassen und begreifen konnten.

So erfahren die Jünger – die *ersten Christen* – den Glauben als Geschenk: als die durch die Begegnung mit dem Auferstandenen ihnen selbst geschenkte, schon hier und jetzt angefangene Überwindung der eigenen Todverfallenheit durch Teilhabe am Gott Jesu, der vom Tod zum Leben erweckt.

Darin jedoch sieht der Jünger, der Christ, die Möglichkeit eröffnet, die ihn ohnmächtig zurücklassenden, leidvollen Widerfahrnisse des Lebens, das Menschenfeindlich-Böse in der Welt, die unheimliche Verhülltheit von Schicksal und Zukunft als Ingredienzen seiner eigenen Teilnahme am Kreuz Christi zu verstehen; zu verstehen nicht so, als ob darin Absichten und Pläne Gottes mit Menschen und Gruppen zu lesen wären, sondern so, dass in den leidgefüllten Zufällen des Lebens in der Welt dem ihm vertrauenden Menschen die helfende Hand Gottes hingehalten wird (vgl. Mt 14,28-33).

Das „Rätsel des Streites zwischen der Allmacht und der Liebe Gottes" (Zahrnt) und das „Schwert inmitten unseres Daseins" (Rahner) erfährt der Gläubige umfasst von Gottes Ja zum Leben, von Gottes Heilswillen.
Im Wägen und Wagen des Wortes und Beispiels Jesu kann ein Mensch erfahren, wie er kraft seiner Lebensgemeinschaft mit Christus in kleinen Schritten aus dem niederdrückenden Schatten des Todes heraustritt und seine Todverfallenheit von innen her zu überwinden anfängt. In sich spürt er die Frucht oder auch erst den Lebenskeim aus der Hand dessen, der Christus und die mit ihm zum Kreuz Verurteilten vom Tod zum Leben auferweckt. Die Kreuzesbotschaft verkündet, dass Gottes Macht gerade in menschlicher Ohnmacht wirksam ist. In der Regel zeigt sich diese Wirksamkeit der zum Leben auferweckenden Gottesmacht nicht in Wundern oder spektakulären Ereignissen, sondern eher dort, wo Menschen angesichts des Menschenunmöglichen vor Resignation und Verzweiflung bewahrt werden. Nicht weil das Unmögliche durch einen übernatürlichen Zauber ermöglicht würde. Vielmehr lernen Menschen, einem Unmöglichen standzuhalten – beispielsweise der vollen Wiederherstellung der körperlichen und geistigen Kräfte von Schwerkranken oder der trotz aller Bemühungen scheiternden Verständigung und Versöhnung zwischen verfeindeten Parteien in Ehe, Familie, persönlichem Umfeld, in Gruppen und Völkern – und es gerade dadurch zu

verändern: nämlich durch die empfangene Widerstandskraft (Lebenskraft!) gegen Verzweiflung, Selbstaufgabe, Hass und Feindschaft.

Aus der lähmenden Angst vor dem Menschenunmöglichen, aus dem Gefühl, langsam in einen Abgrund zu gleiten und darin verschlungen zu werden, tritt dann das trotz allem zuversichtliche, vielleicht unter Tränen heitere Sich-fügen. Sich fügen kann ein Mensch, wenn er sich ver-fügt weiß – oder auch ´nur` ver-fügt glaubt – von der bergenden Macht des Gottes Jesu Christi. Ein solcher Mensch vertraut darauf, dass er im Leiden und Sich-genommen-werden letztlich in den Abgrund des *Herzens Gottes* fällt, das als „Herz Jesu" sich durchbohren ließ vom Terror dieser Welt. Dieses Vertrauen weckt in ihm jene Kräfte, die helfen, die leidvolle Gegenwart getrost zu bewältigen, das heißt: darin Ansatzpunkte zu finden, Chancen zu entdecken zu mehr Menschsein, zu mehr Selbstsein und Selbstwerden, etwa durch mehr Offenheit, Gerechtigkeit oder Liebe im Verhältnis zu Dingen und Menschen, nicht zuletzt zu sich selbst. Die Erfahrungen lehren die Wahrheit des Apostelwortes: „Was hast du, das du nicht empfangen hättest?" (1 Kor 4,7)

In die Einsamkeit jeder Kreuzeserfahrung kommt hier eine Helligkeit, bricht etwas ein vom Licht jenes Wortes, das Jesus dem mitgekreuzigten, zu ihm aufschauenden Sünder zuspricht: „Amen, ich sage dir: Heute noch wirst du mit mir im Paradies sein" (Lk 23,43).

NACHWORT

Die hier vorgelegten Überlegungen zu der Frage „Zufall oder Fügung?" möchten eine Denkhilfe sein, ein Denkanstoß. Sie berühren eine Frage, die von vielen nachdenklichen Menschen empfunden, aber selten artikuliert wird – wohl deshalb, weil ihre Formulierung Verlegenheit auslöst – etwa bei Rückfragen nach Beweisen – und nicht selten den Spott der Selbstsicheren und Pragmatiker hervorruft. Es erfordert also Mut, sich dieser Frage zu stellen und sich auf die Suche nach Klärung zu begeben. Dabei ist zu entdecken, dass der Mensch nicht nur aus und mit Hilfe von beweisbarem Wissen lebt, sondern auch – sogar tiefer – aus dem ´Gefühl`, aus Ahnung und Intuition, aus jenem „feinen Sinn", der – nach Pascal – das Erkenntnisorgan des Herzens ist. Das Herz hat bekanntlich Gründe (raisons), die der Verstand (la raison) nicht kennt – „das erfährt man in tausend Dingen". Es gilt auch von der Erfahrung der Gegenwart und heilsamen „Fügung" Gottes an Kreuzungen der Lebensstraßen. Denn – so wieder Pascal - „Gott ist für das Herz erspürbar, nicht für den Verstand" – und darin bestehe der Glaube (Gedanken fr. 278).

Der Verfasser hat das hier behandelte Thema sehr viel umfänglicher aufgenommen und neu durchgeführt in seiner Untersuchung *SCHICKSAL in Theologie und Philosophie* (Darmstadt 2008).
Es scheint jedoch, dass diese frühe kleine Studie, erstmals 1977 als Band Nr. 47 der von Hans Küng herausgegebenen Theologischen Meditationen erschienen, ihren eigenen Wert neben der neuen Untersuchung bewahrt hat

und daher als Einführung oder auch Ergänzung zum großen Werk gelesen werden kann. Seine Gedankengänge dürften auch theologisch nicht Vorgebildeten zugänglich sein, sofern sie die Mühe konzentrierten Nachdenkens nicht scheuen. Gegenüber der ersten Auflage wurde lediglich das letzte Kapitel „Das Kreuz – Zufall oder Fügung?" leicht überarbeitet, an einigen Stellen präzisiert.

Herr Sträter vom Adlerstein-Verlag hat dankenswerterweise den Anstoß gegeben und die Bereitschaft erklärt, das kleine Buch neu aufzulegen. Es wird so einem neuen und anderen Leserkreis als dem damaligen zugänglich. Vielleicht wird damit erreicht, was die Bibel bei den Christen anmahnt: „Seid alle Zeit bereit, jedem Rede und Antwort zu stehen, der nach der Hoffnung fragt, die in euch lebt!" (1Petr 3,15)

LITERATURHINWEISE

Baumann, Rolf: 2000 Jahre danach – Eine Bestandsaufnahme zur Sache Jesu (Stuttgart 1972).

Berger, Peter L.: Auf den Spuren der Engel (dt. Frankfurt/M 1972)

Bundscherer, Norbert: Moderne Naturwissenschaft und christlicher Glaube (München 1968).

Camus, Albert: Der Mythos von Sisyphos – Ein Versuch über das Absurde (Hamburg 1960).

Cardenal, Ernesto: Das Buch von der Liebe (Hamburg 1973).

Ders.: Das Evangelium der Bauern von Solentiname – Gespräche über das Leben Jesu in Lateinamerika, Bd. I (Wuppertal 1976).

Eichrodt, Walther: Theologie des Alten Testaments, Teil II/III: Gott und Mensch (Stuttgart-Göttingen 1964).

Frisch, Max: Homo Faber – Ein Bericht (Reinbek b. Hamburg 1969).

Fuller, Reginald H: Die Wunder Jesu in Exegese und Verkündigung (dt. Düsseldorf 1967)

Guardini, Romano: Freiheit - Gnade - Schicksal – Drei Kapitel zur Deutung des Daseins (München 1948).

Heitler, Walter: Der Mensch und die naturwissenschaftliche Erkenntnis (Braunschweig 1966).

Ders.: Die Natur und das Göttliche (Zug/Schweiz 1974).

Jordan, Pascual: Schöpfung und Geheimnis (Oldenburg-Hamburg 1970).

Küng, Hans: Christ sein (München 1974).

Löbsack, Theo: Versuch und Irrtum – Der Mensch: Fehlschlag der Natur (Gütersloh 1974).

Luyten, Norbert A. (Hg.): Zufall, Freiheit, Vorsehung (Freiburg-München 1975).

Monden, Louis: Theologie des Wunders (Freiburg i. Br. 1961).

Oraison, Marc: Zufall und Leben – Hat die Biologie das letzte Wort? (Frankfurt/M. 1972).

Rahner, Hugo: Der spielende Mensch (Einsiedeln 1957)

Rahner, Karl: Hörer des Wortes – Zur Grundlegung einer Religionsphilosophie (München 1963).

Ders.: Wagnis des Christen (Freiburg-Basel-Wien 1974).

Ders.: Grundkurs des Glaubens – Einführung in den Begriff des Christentums (Freiburg-Basel-Wien 1976).

Schwager, Raymund: Glaube, der die Welt verwandelt (Mainz 1976).

Weissmahr, Béla: Gottes Wirken in der Welt – Ein Diskussionsbeitrag zur Frage der Evolution und des Wunders (Frankfurt/M. 1973).

Zahrnt, Heinz: Gott kann nicht sterben – Wider die falschen Alternativen in Theologie und Gesellschaft (München 1970).

ZUM AUTOR

Klaus P. Fischer, geboren 1941 in Stuttgart, studierte Klassische Philologie bei *W. Schadewaldt, W. Jens* (Tübingen) und *R. Muth* (Innsbruck), Philosophie und Theologie u. a. bei *H. Küng, W. Schulz, R. Schaeffler* in Tübingen, *E. Coreth, K. Rahner, J.A. Jungmann* in Innsbruck, *P. Henry, H. Bouillard* in Paris, *O. Semmelroth, B. Schüller* in Frankfurt/M. Beraten u.a. von *K. Lehmann* (dem heutigen Kardinal), promovierte er 1973 bei *H. Bouillard* in Paris mit einer Arbeit über die Theologie *K. Rahners.*

Er engagierte sich jahrzehntelang in Religionspädagogik, Gemeinde-, Jugend- und Patienten-Pastoral sowie in religiöser Rundfunkarbeit (Südd. Rundfunk).

Derzeit Lehrbeauftragter für Theologie an der Universität Heidelberg, dazu Kurse in religiöser Erwachsenenbildung.

Schwerpunkte seines Bemühens sind von Anfang an die Hinführung zum christlichen Glauben wie auch die Lebenshilfe aus dem Glauben. Dafür waren und sind ihm die Biblische Theologie (dankbar und vielfach gestützt auf das in Vorträgen verbreitete und in einigen Manuskripten erhaltene Lebenswerk von *H. Seifermann*, München), ignatianische und oratorianische Spiritualität wichtige Quellen.
Für die letztgenannten sowie für den Geist des 2. Vatikanischen Konzils stand und steht er in fruchtbarem Austausch mit dem langjährigen Erfurter Theologen S. Hübner (jetzt Berggießhübel).

Veröffentlichungen in Buchform

* Der Mensch als Geheimnis.
  Die Anthropologie Karl Rahners (1975)

* Den Klugen verborgen, den Suchenden enthüllt (1976)

* Zufall oder Fügung (1977)

* Die Sache mit dem Teufel – Teufelsglaube und Besessenheit zwischen Wahn und Wirklichkeit (1980 – zus. mit H. Schiedermair)

* Gedächtnis der Armen (1981)

* *Übersetzung ins Deutsche* von M. Oraison, Was ist Sünde? (1968 – 1982)

* Gotteserfahrung, Mystagogie in der Theologie Karl Rahners und in der Theologie der Befreiung (1986)

* „Heute, wenn ihr seine Stimme hört" - Beiträge einer Theologie des Kairos (1998)

* Kosmos und Weltende. Theologische Überlegungen vor dem Horizont moderner Kosmologie (2001)

* SCHICKSAL in Theologie und Philiosophie (2008)

* Gottes-Dienst im Alltag. Der Apostel Paulus - Vordenker des Christentums (2009)

* Christsein als Alternative – Selbstfindung durch Glauben (2010)

* Vom Zeugnis zum Ärgernis? – Anmerkungen zum Pflichtzölibat (2011)

Aufbruch im Glauben
mit
Papst Johannes XXIII.

von Siegfried Hübner

128 Seiten, € 9,90

ISBN-Nr.: 978-3-9814195-1-1

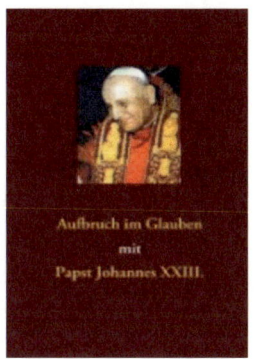

Vom Zeugnis
zum Ärgernis?

Anmerkungen und Thesen
zum Pflichtzölibat

von Klaus P. Fischer

220 Seiten, € 14,90

ISBN-Nr.: 978-3-9814195-0-4

Christsein
als
Alternative

Über Selbstfindung
durch Glauben

von Klaus P. Fischer

72 Seiten, € 6,00

ISBN-Nr.: 978-3-9814195-2-8